CAM-wrth-GAM

DAEARYDDIAETH

Moroedd ac Arfordiroedd

Patience Coster

Lluniau gan Andrew Farmer
a Shirley Tourret

DRAKE

ⓟ1997 Franklin Watts

Cyhoeddwyd gyntaf ym Mhrydain gan
Franklin Watts
96 Leonard Street
London
EC2A 4RH

Franklin Watts Australia
14 Mars Road
Lane Cove
NSW 2006
Australia

ISBN: 0 86174 088 2
Mae catalog CIP at gyfer y llyfr hwn ar gael gan y Llyfrgell Brydeinig
Argraffwyd yn Dubai

Cynllunio a chynhyrchu gan The Creative Publishing Company
Dylunio: Ian Winton
Ymgynghorydd: Keith Lye
Trosiad Cymraeg: Julie Paschalis

ⓟ1997 Y testun Cymraeg
Gwasg Addysgol Drake
Cyhoeddwyd yn Gymraeg gan Wasg Addysgol Drake
Ffordd Sain Ffagan, Y Tyllgoed
Caerdydd CF5 3AE

Hoffai'r cyhoeddwyr ddiolch i'r Gymdeithas Frenhinol er Achub Bywydau am ei chymorth.

Ffotograffau: Bruce Coleman: tudalen 9 (Luiz Claudio Marigo), tudalen 19, gwaelod (G Ziesler), tudalen 24 (Luiz Claudio Marigo); James Davis: clawr; Llyfrgell Ddarluniau Robert Harding: tudalen 5, gwaelod (Adina Tovy), tudalen 11 (Jackie Dunn), tudalen 27, gwaelod (Gary Williams); Image Bank: tudalen 31 (Jeff Hunter); Oxford Scientific Films: tudalen 19, top (Harold Taylor), tudalen 20 (Laurence Gould), tudalen 22 (Peter Parks); Tony Stone Worldwide: tudalen 5, top (Graeme Norways), tudalen 7 (Shaun Egan), tudalen 13 (James Randklev), tudalen 23 (Norbert Wu), tudalen 26 (Glen Allison), tudalen 27, top (Kevin Cullimore), tudalen 30, top (Peter Cade), tudalen 30, gwaelod, (David Woodfall).

Cynnwys

Glan y môr   4

Beth yw'r Llanw?   6

Beth sy'n Byw ar Lan y Môr?   8

Tonnau   10

Clogwyni a Chreigiau   12

Traethau a Thwyni Tywod   14

Planed Ddyfrllyd   16

Ymchwydd y Môr   18

Byd Cyfrinachol   20

Beth sy'n Byw yn y Môr?   22

Pobl a'r Môr   24

Bywyd ger y Môr   26

Defnyddio'r Môr   28

Perygl i Fôr ac Arfordir   30

Geirfa   32

Mynegai   32

Glan y Môr

Fuoch chi ar lan y môr erioed? Wnaethoch chi godi cestyll tywod, chwilota mewn pyllau yn y creigiau neu fynd i nofio?

Dyma lle mae'r tir a'r môr yn cyfarfod. Mae yno donnau'n torri, ogofâu a thwyni tywod, gwymon, pysgod cregyn ac adar y môr.

Enw arall ar lan y
môr yw yr arfordir.
Mae gwahanol
fathau o arfordir
dros y byd i gyd.
Mae rhai yn
greigiog ag ychydig
o goed.

Mae eraill â
thraethau tywod hir
a phalmwydd.

5

Beth yw'r Llanw?

Mae lefel y môr yn codi ac yn gostwng tua dwywaith bob dydd. Pan fydd lefel y môr yn codi defnyddiwn yr enw penllanw; pan fydd yn gostwng defnyddiwn yr enw trai.

Adeg penllanw, mae'r rhan fwyaf o'r traeth wedi ei orchuddio gan y môr. Adeg trai, weithiau mae'r môr yn bell i ffwrdd ac mae darn mawr o dywod gwlyb i chwarae arno.

Wrth i'r llanw fynd allan, caiff gwymon, broc môr a **gweddillion** eraill eu gadael mewn llinell ar y traeth. Dyma'r llinell benllanw.

Beth sy'n Byw ar Lan y Môr?

Mae gwahanol fathau o fywyd gwyllt ar wahanol rannau'r arfordir: adar y môr ar draethau llydan, tywodlyd a llawer o anifeiliaid yn y mannau creigiog â phyllau dwr.

Mae llygaid meheryn, cregyn gleision, crancod a berdys yn byw mewn pyllau creigiog. Mae gwymon yn eu cysgodi rhag yr haul.

Mewn pyllau sy'n nes at y môr mae pysgod yr anemoni, sêr môr, môr-ddraenogod a physgod bach.

Gall anifeiliaid bychan guddio dan y gwymon rhag adar **ysglyfaethus** fel gwylanod.

8

Mae'r pengwin yn byw ar lan y môr ac mae crwbanod y môr yn dodwy eu hwyau yno.

Ar draethau tywod mae anifeiliaid yn byw yn y mwd dan y tywod.

Mae gwylanod a rhydwyr yn bwyta anifeiliaid glan y môr.

Mae mwydod tywod yn byw mewn tyllau siâp U.

Mae berdys a chrancod yn aros i'r môr eu gorchuddio cyn dod allan i chwilio am fwyd.

Mae cocos a chregyn rasal yn byw yn y mwd.

Tonnau

Sylwoch chi ar donnau yn cyffroi wyneb y môr? Y gwynt sy'n achosi'r tonnau hyn.

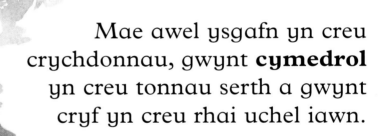

Mae awel ysgafn yn creu crychdonnau, gwynt **cymedrol** yn creu tonnau serth a gwynt cryf yn creu rhai uchel iawn.

Tonnau Anferth

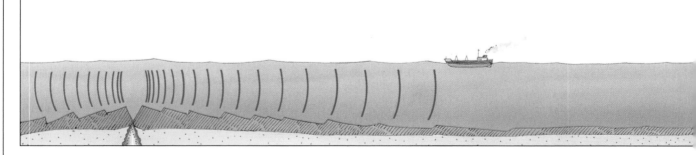

Dyw'r tonnau mwyaf ddim yn cael eu creu gan y gwynt ond gan ddaeargrynfeydd neu losgfynyddoedd yn **ffrwydro** dan y môr.

Mewn llawer rhan o'r byd mae pobl yn hoffi reidio'r tonnau uchel hyn.

GWNEUD TONNAU

1 Llenwch danc â dwr. Po fwyaf y tanc, mwyaf oll fydd y tonnau.

2 Chwythwch dros y dŵr. Yn galed i ddechrau ac yna'n ysgafn. Pan chwythwch yn ysgafn,byddwch yn dal i greu tonnau.

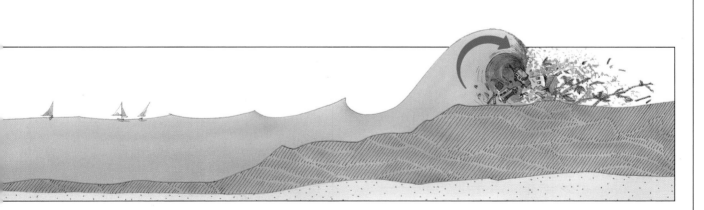

Tswnamïau yw'r enw ar y tonnau enfawr hyn. Mae ambell tswnami yn uwch na 60 metr. Gallan nhw orlifo arfordiroedd isel a boddi miloedd o bobl.

Clogwyni a Chreigiau

Mae arfordiroedd yn newid drwy'r amser. Mewn rhai mannau, mae'r môr yn erydu'r tir. Mae tonnau yn codi tywod a cherrig mân a'u taflu at y lan. Mae'r tonnau sy'n tasgu ar y clogwyni yn agor craciau sydd gydag amser yn creu ogofâu.

Gofynnwch i oedolyn cyn chwilota ogofâu a chlogwyni.

Sut Mae Ffurfio Stac

Mae tonnau'n taro yn erbyn y clogwyni, gan eu herydu.

Yn raddol, mae ogofâu yn ffurfio ar ddwy ochr y **pentir**.

Mae darnau anferth o graig yn torri ac yn disgyn i'r môr. Mae'r tonnau yn torri'r creigiau yn gerrig mân.

Mae goleudai yn rhybuddio llongau am arfordir creigiog.

Mae'r ogofâu yn cael eu herydu nes eu bod yn cyfarfod i greu bwa.

Mae to'r bwa yn disgyn, gan adael stac.

Traethau a Thwyni Tywod

Ar hyd ambell arfordir, mae symudiadau'r môr
yn creu tir yn hytrach na'i erydu.

Mae'r tonnau yn gadael darnau o graig ar
lan y môr. Gall y creigiau fod yn fawr iawn
neu'n gerrig mân, wedi eu llyfnhau drwy gael
eu rhwbio yn erbyn ei gilydd gan y môr.

Mae bar yn dwmpath hir a
chul o dywod a cherrig mân
oddi ar yr arfordir.

Mae'r traethellau hyn wedi
eu creu gan afon sy'n
gadael ei llwyth wrth lifo i'r

Gall y gwyntoedd sy'n
chwythu ar yr arfordir greu twyni
tywod. Efallai bydd porfa môr a phlanhigion
eraill yn tyfu yn y tywod ac yn helpu i gadw'r twyni yn eu lle.

Mae tywod yn ronynnau mân o graig a chregyn wedi eu malu gan y môr. Caiff traethau eu creu pan fydd tonnau yn gadael tywod ar yr arfordir. Mae'r **silt** yn cael ei adael gan afonydd wrth iddyn nhw lifo i'r môr.

Tafod yw'r enw ar draeth cul, hir sydd wedi ei uno â'r tir ar un pen.

Mae afonydd yn cario peth halen o'r tir i'r môr. Mae hyn yn gwneud dŵr y môr yn hallt dros amser.

15

Planed Ddyfrllyd

Mae llawer o'r Ddaear wedi ei gorchuddio gan ddŵr hallt sy'n llenwi golethrau enfawr i greu cefnforoedd a moroedd. Y mwyaf yw'r cefnforoedd Tawel, Iwerydd, India ac Arctig.

CEFNFOR YR ARCTIG

GOGLEDD AMERICA

Y CEFNFOR TAWEL

AWSTRALIA

Ffos Marianas

Rhan ddyfnaf y cefnforoedd yw Ffos Marianas yn y Cefnfor Tawel. Gallech gladdu Everest yno.

Y Cefnfor Tawel yw'r cefnfor mwyaf. Gallech roi holl dir sych y Ddaear ynddi. Dyma'r cefnfor dyfnaf hefyd, 11 cilometr o ddyfnder yn Ffos Marianas.

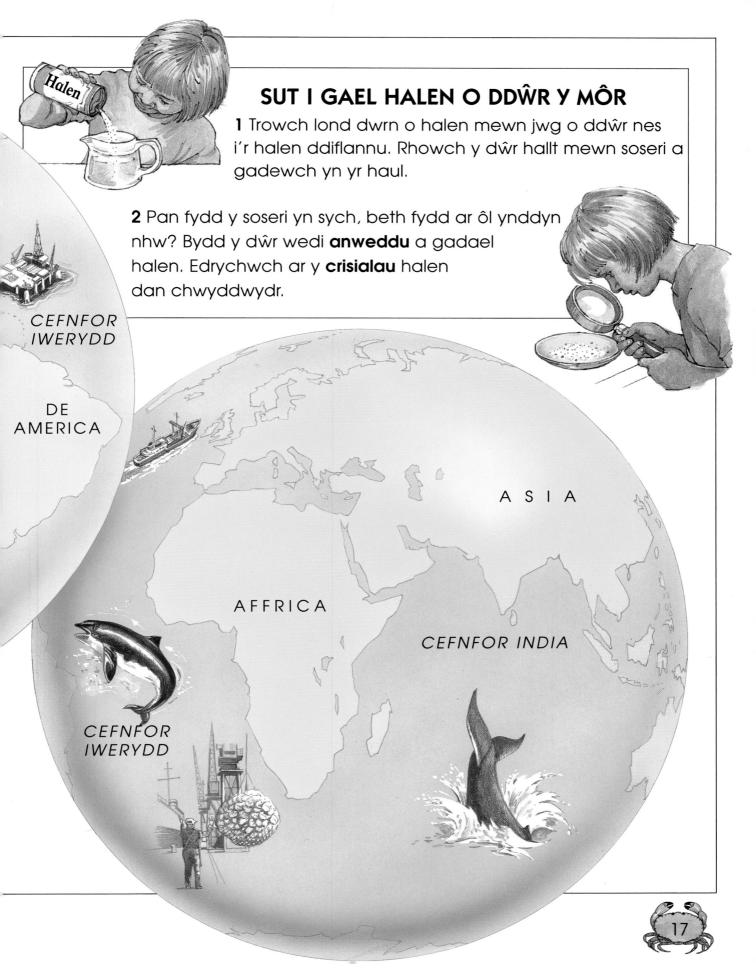

SUT I GAEL HALEN O DDŴR Y MÔR

1 Trowch lond dwrn o halen mewn jwg o ddŵr nes i'r halen ddiflannu. Rhowch y dŵr hallt mewn soseri a gadewch yn yr haul.

2 Pan fydd y soseri yn sych, beth fydd ar ôl ynddyn nhw? Bydd y dŵr wedi **anweddu** a gadael halen. Edrychwch ar y **crisialau** halen dan chwyddwydr.

CEFNFOR IWERYDD

DE AMERICA

A S I A

AFFRICA

CEFNFOR INDIA

CEFNFOR IWERYDD

17

Ymchwydd y Môr

Mae dyfroedd y cefnforoedd yn symud drwy'r amser. Caiff llawer o'r symud ei achosi gan gerhyntau yn y cefnforoedd sydd yn llifo i gyfeiriad arbennig.

Yn ymyl y tir mae cerhyntau sy'n cael eu hachosi gan y llanw a'r tonnau. Ar draethau lle mae cerrynt cryf yn agos, bydd baneri coch ac arwyddion yn rhybuddio bod nofio'n beryglus.

Mae cerhyntau cryfach yn y cefnfor. Maen nhw'n effeithio ar y tywydd ar y lan. Mae rhai cynnes yn helpu i gadw'r tywydd yn gynnes a rhai oer yn ei gadw'n oer.

Afonydd yn y Cefnfor

Mae'r cerhyntau'n cario planhigion hefyd. Daw'r planhigyn cnau coco hwn o goeden ymhell i ffwrdd.

Mae creaduriaid môr fel morloi a llamhedyddion yn teithio dros bellteroedd mawr â help cerhyntau.

19

Byd Cyfrinachol

Ar ymyl pob **cyfandir** mae'r tir yn goleddu'n raddol dan y dŵr. Dyma'r silff gyfandirol.

Hoffech chi deithio i waelod y môr? Fe welech chi dirwedd anhygoel yno.

Astudio Llongddrylliadau

Mae plymwyr yn astudio gweddillion llongau i ddysgu am y gorffennol.

Y tu hwnt i'r silff gyfandirol gall **gwely'r môr** blymio'n serth i ffos ddofn.

Llongau ymsuddol sy'n archwilio dan y môr. Gallant gael eu rheoli gan berson y tu mewn neu yn **bell-reoledig**.

Mae gwyddonwyr yn defnyddio llongau ag offer arbennig i fesur dyfnder y môr a chymryd samplau o wely'r cefnfor.

Mynyddoedd, dyffrynnoedd a gwastadeddau yw gwely'r môr. Bydd mynyddoedd yn torri drwy'r cefnfor i greu ynys.

Mae llongau ymsuddol yn helpu i wneud mapiau o'r ffosydd yn y moroedd.

GWNEWCH LONG DANFOR

1 Rhowch ddarn bach o glai ar waelod top pen ysgrifennu. Newidiwch faint y clai i'r top arnofio mewn dŵr. Gollyngwch dop y pen i botel blastig wedi ei llenwi hyd ei thri chwarter â dŵr. Rhowch y clawr yn ei le.

2 Gwasgwch y botel. Bydd top y pen yn suddo i'r gwaelod. Rhyddhewch y botel a bydd yn codi i'r wyneb. Mewn ffordd debyg, caiff dŵr ei ollwng i siambrau gwag llong danfor iddi blymio.

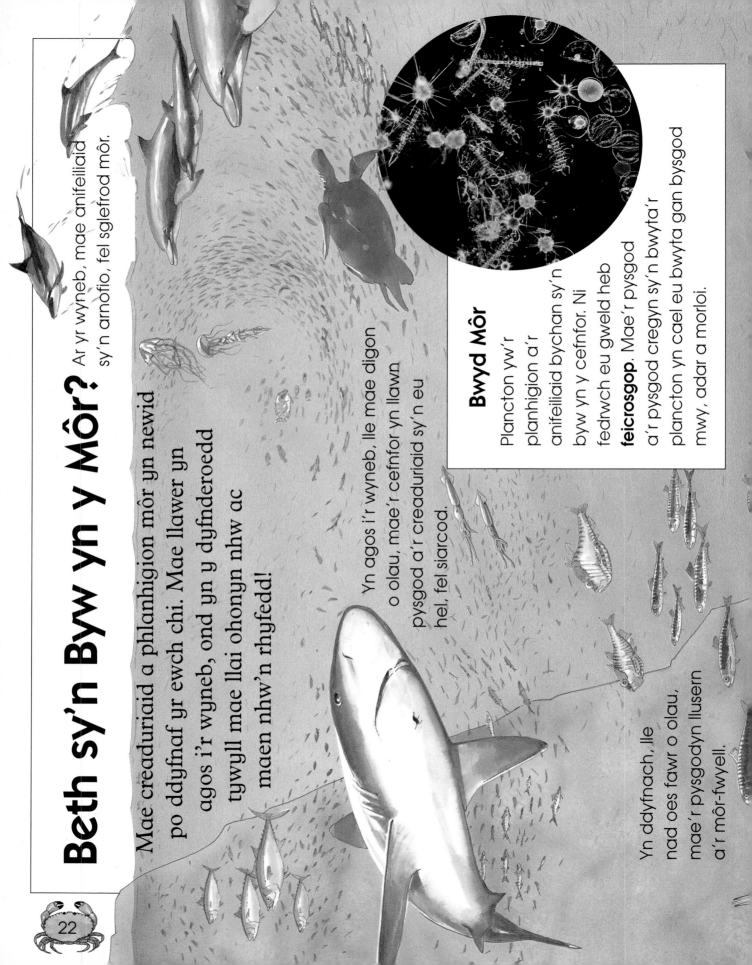

Beth sy'n Byw yn y Môr?

Ar yr wyneb, mae anifeiliaid sy'n arnofio, fel sglefrod môr.

Mae creaduriaid a phlanhigion môr yn newid po ddyfnaf yr ewch chi. Mae llawer yn agos i'r wyneb, ond yn y dyfnderoedd tywyll mae llai ohonyn nhw ac maen nhw'n rhyfedd!

Yn agos i'r wyneb, lle mae digon o olau, mae'r cefnfor yn llawn pysgod a'r creaduriaid sy'n eu hel, fel siarcod.

Yn ddyfnach, lle nad oes fawr o olau, mae'r pysgodyn llusern a'r môr-fwyell.

Bwyd Môr

Plancton yw'r planhigion a'r anifeiliaid bychan sy'n byw yn y cefnfor. Ni fedrwch eu gweld heb **feicrosgop**. Mae'r pysgod a'r pysgod cregyn sy'n bwyta'r plancton yn cael eu bwyta gan bysgod mwy, adar a morloi.

Yn ddyfnach eto, ychydig o olau sydd. Mae'r llowciwr yn nofio â'i geg yn agored i ddal beth bynnag y gall.

Mae'r môr-lyffant yn denu ei **ysglyfaeth** i'w safnau agored â magl arbennig.

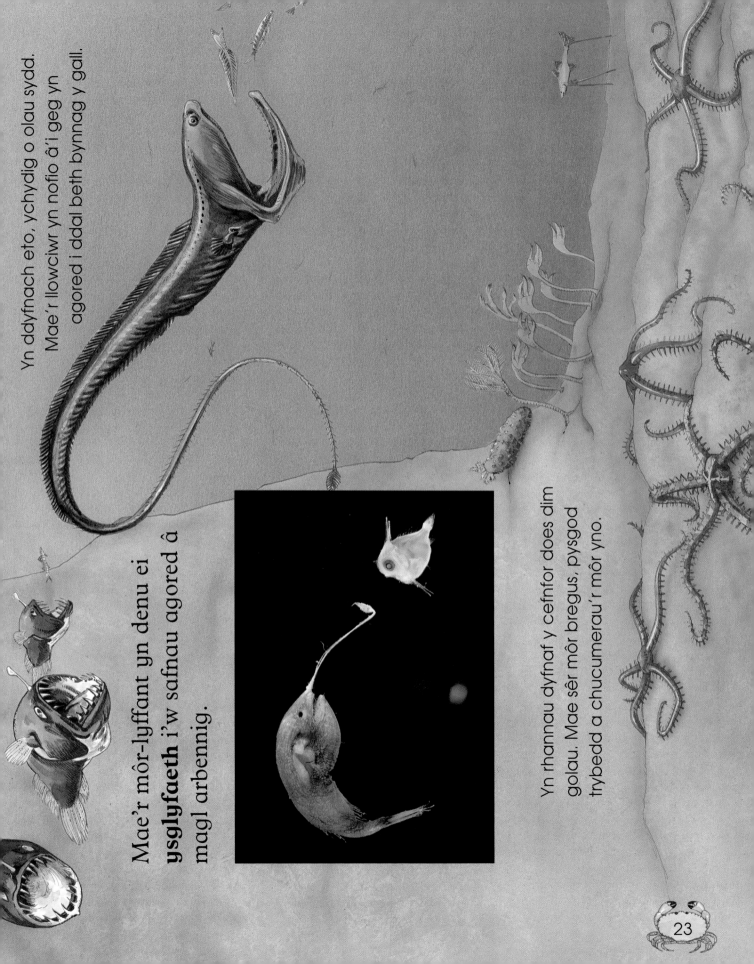

Yn rhannau dyfnaf y cefnfor does dim golau. Mae sêr môr bregus, pysgod trybedd a chucumerau'r môr yno.

Pobl a'r Môr

Mae pobl wedi pysgota'r moroedd o amgylch arfordiroedd y byd ers miloedd o flynyddoedd. Roedd y cychod cyntaf yn rafftiau syml a chanŵod wedi eu cafnu. Caiff cychod fel hyn eu defnyddio hyd heddiw mewn llawer rhan o'r byd.

Oesoedd yn ôl roedd pobl yn teithio ar y môr i chwilio am diroedd newydd i fyw ynddynt ac am fasnach. Fe ddaethon nhw 'nôl ag aur, arian, gemau gwerthfawr, sidan a sbeisys. Agoron nhw fannau masnachu ar arfordiroedd y gwledydd y buon nhw ynddynt.

Yna, hwylion nhw
o gwmpas yr arfordiroedd
i wneud mapiau.

Bywyd ger y Môr

Mae'r rhan fwyaf o bobl y byd yn byw ar, neu yn agos at, yr arfordir. Mae llawer o ddinasoedd mawr a chyfoethog wedi codi ar lan y cefnfor. Dyma San Francisco, dinas ffyniannus ar arfordir y Cefnfor Tawel yn yr Unol Daleithiau.

Yn wreiddiol, lleoedd i longau aros ynddynt a lleoedd masnach oedd porthladdoedd heddiw. Ymsefydlodd pobl yno pan ddeallon nhw fod modd gwneud bywoliaeth o'r môr.

Mae pobl yn hoffi cael gwyliau ger y môr, yn enwedig lle mae'r hinsawdd yn dda. Maen nhw'n mwynhau gorffwys ar y traeth, hwylio, nofio a **sgwba-blymio**.

Ond pan ddaw storm, gall bywyd ar lan y môr fod yn beryglus.

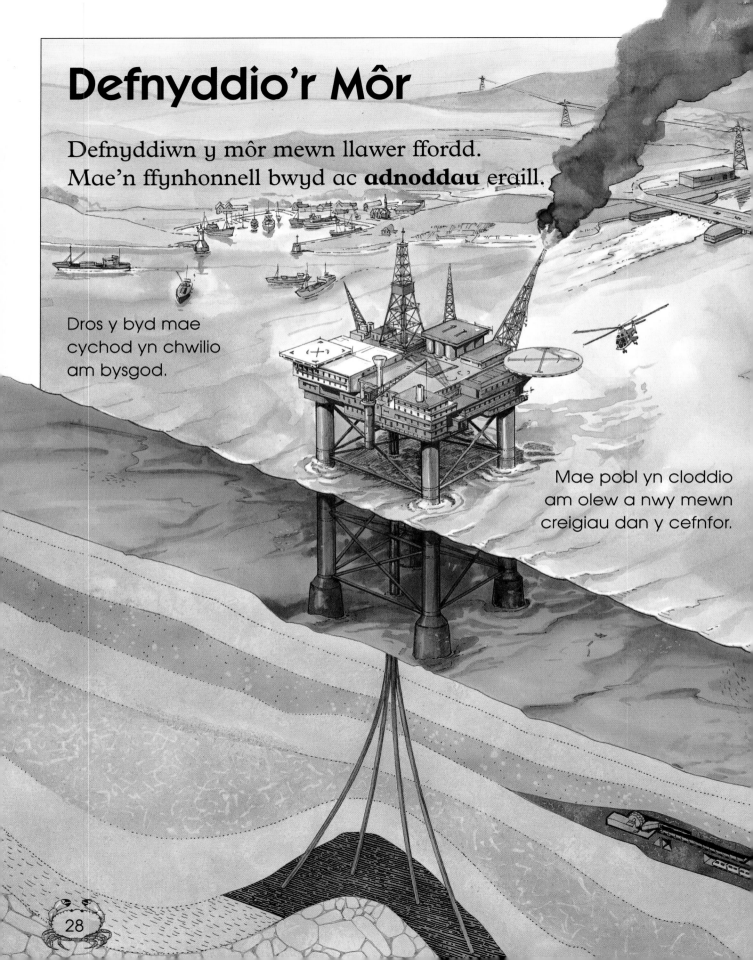

Defnyddio'r Môr

Defnyddiwn y môr mewn llawer ffordd.
Mae'n ffynhonnell bwyd ac **adnoddau** eraill.

Dros y byd mae
cychod yn chwilio
am bysgod.

Mae pobl yn cloddio
am olew a nwy mewn
creigiau dan y cefnfor.

28

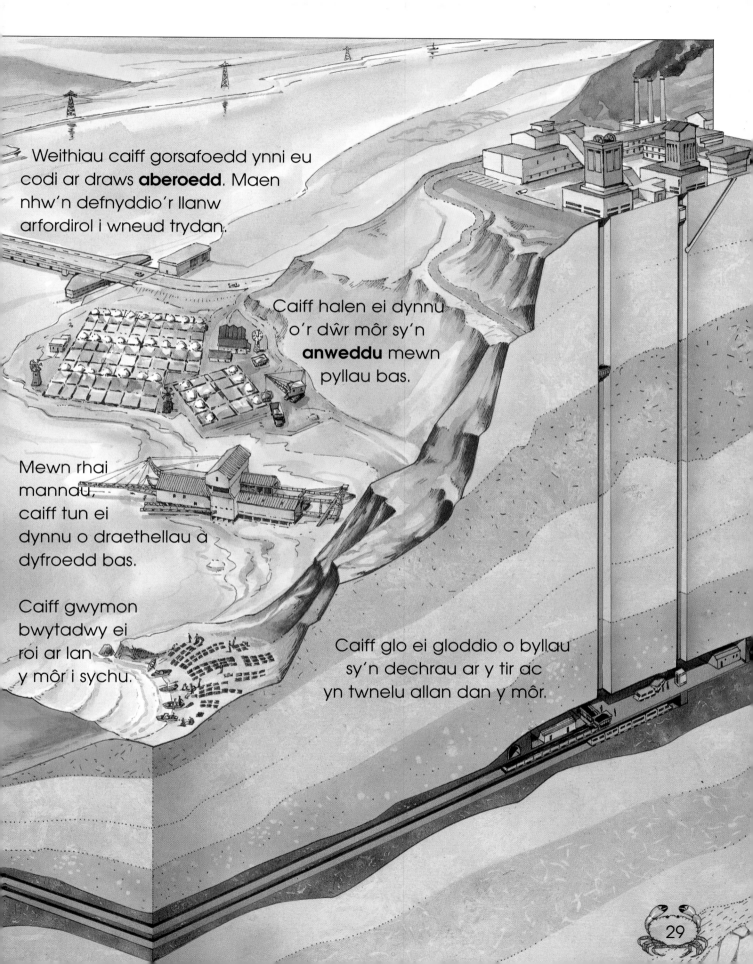

Weithiau caiff gorsafoedd ynni eu codi ar draws **aberoedd**. Maen nhw'n defnyddio'r llanw arfordirol i wneud trydan.

Caiff halen ei dynnu o'r dŵr môr sy'n **anweddu** mewn pyllau bas.

Mewn rhai mannau, caiff tun ei dynnu o draethellau a dyfroedd bas.

Caiff gwymon bwytadwy ei roi ar lan y môr i sychu.

Caiff glo ei gloddio o byllau sy'n dechrau ar y tir ac yn twnelu allan dan y môr.

Perygl i Fôr ac Arfordir

Rydym yn peryglu'r moroedd a'r arfordiroedd trwy adael sbwriel **carthion** a chemegolion yn y dŵr, gan wenwyno'r moroedd a'r arfordiroedd a lladd planhigion ac anifeiliaid.

Rydym yn cymryd gormod o bysgod o'r môr. Mae rhai mathau yn prinhau.

Os yw tanceri olew yn cael eu niweidio ar y môr, mae'r olew yn gollwng gan ladd y bywyd gwyllt a **llygru**'r arfordiroedd.

Os na chyfyngwn ni ar yr hyn rydym yn ei daflu yn neu yn agos at y môr, bydd niferoedd enfawr o bethau byw yn dal i farw.

Creigresi Hardd

Mewn rhannau cynnes o'r byd mae creigresi cwrel, a digonedd o fywyd gwyllt ynddyn nhw. Gall llygredd niweidio'r creigresi hyn ac mae rhai gwledydd yn dechrau eu hamddiffyn.

Geirfa

Aber: Ceg lydan afon, lle mae'n rhedeg i'r môr

Adnoddau: Deunyddiau crai y medr pobl eu defnyddio

Anifail ysglyfaethus: Anifail sy'n dal a bwyta anifeiliaid eraill

Anweddu: Newid yn anwedd

Carthion: Gwastraff o gyrff pobl

Crisialau: Sylweddau solid â ffurf reolaidd

Cyfandir: Un o ardaloedd eang tiroedd y Ddaear

Cymedrol: O nerth canolig

Ffrwydro: Tanio

Gweddillion: Pob math o sbwriel

Gwely'r môr: gwaelod y môr

Llygru: Gwneud rhywle yn fudr neu'n niweidiol i fywyd dyn, anifail neu blanhigyn

Meicrosgop: Teclyn i wneud i rywbeth bach iawn ymddangos yn fawr

Pell-reoledig: Yn cael ei reoli o bell

Pentir: Darn o'r tir yn ymestyn i'r môr

Sgwba-blymio: Nofio ac archwilio tanfor gan ddefnyddio offer anadlu arbennig

Silt: Rhan o lwyth afon wedi ei wneud o ronynnau llai na thywod ond yn fwy na chlai

Tswnamïau: Tonnau anferth yn cael eu hachosi gan ffrwydradau ar wely'r môr

Ysglyfaeth: Anifail sy'n cael ei hel gan anifail arall i'w fwyta

Mynegai

Aberoedd 29
Adar y môr 4, 8-9
Afonydd 15
Anemoni'r môr 8

Bar 14

Cefnforoedd 16-17
Cerhyntau 18-19
Clogwyni 12
Creigiau 12-13, 14
Creigresi cwrel 31
Crwbanod y môr 9
Cychod 24, 28

Ffosydd 16

Goleudai 13
Grym y llanw 29
Gwely'r môr 20-21, 23
Gwymon 4, 7, 8, 29
Gwynt 10

Llanw 6, 18
Llongddrylliadau 20
Llong danfor 21
Llong ymsuddol 20
Llygredd 30-1

Môr-ddraenogod 8
Mwydod tywod 9

Ogofâu 4, 12-13

Pengwin 9
Plancton 22
Porfa'r môr 14
Porthladdoedd 26
Pyllau creigiau 4, 8
Pysgod 8, 22-23, 31-1
Pysgod cregyn 4, 8-9, 22
Sglefrod môr 4, 8-9, 22
Siarcod 22
Silt 15
Sêr môr 4, 8-9, 22
Stac 12-13
Stormydd 27

Tonnau 4, 10-11, 12-13, 14, 18
Traethellau 14
Tswnamïau 10-11
Twyni tywod 4, 14-15
Tywod 14-15

Ynni o'r llanw 29